ANTHEMS
General Editor David Willcocks

SATB and organ

OXFORD

Ave verum corpus

William Mathias

MUSIC DEPARTMENT

OXFORD
UNIVERSITY PRESS

For John S. Davies and the Pembrokeshire Youth Choir

Ave verum corpus

Fourteenth-century hymn

WILLIAM MATHIAS

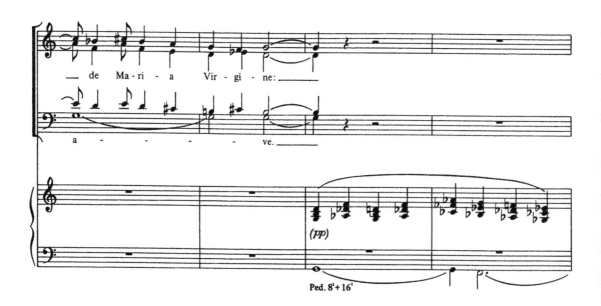

A416   Ave verum corpus   MATHIAS

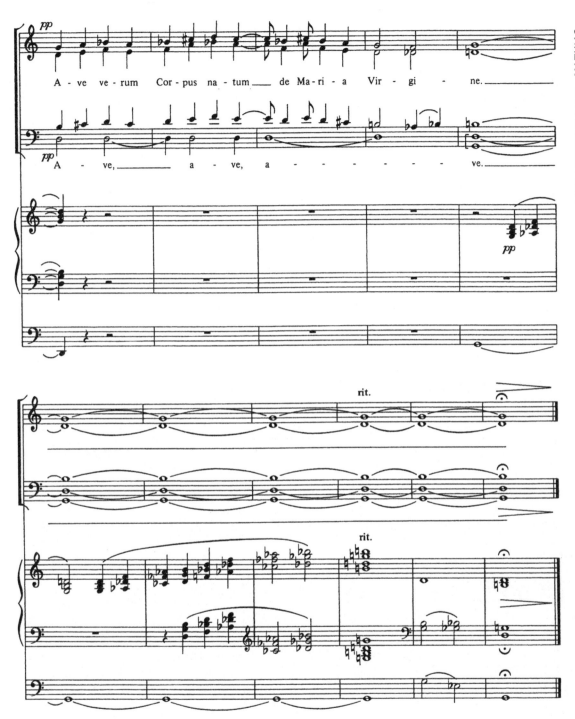

A - ve ve - rum Cor - pus na - tum de Ma - ri - a Vir - gi - ne.

A - ve, a - ve, a - ve.

ISBN 978-0-19-350469-1

9 780193 504691